Bibliografische Information der Deutschen Nationalbibliothek:

Die Deutsche Bibliothek verzeichnet diese Publikation in der Deutschen National-
bibliografie; detaillierte bibliografische Daten sind im Internet über http://dnb.d-
nb.de/ abrufbar.

Impressum:

Copyright © 2019 GRIN Verlag
Druck und Bindung: Books on Demand GmbH, Norderstedt Germany
ISBN: 9783668889217

Dieses Buch bei GRIN:

https://www.grin.com/document/457512

Ali Samaha

Ibn Fadlan und die Rus. Wikinger aus der Sicht eines Arabers

GRIN Verlag

GRIN - Your knowledge has value

Der GRIN Verlag publiziert seit 1998 wissenschaftliche Arbeiten von Studenten, Hochschullehrern und anderen Akademikern als eBook und gedrucktes Buch. Die Verlagswebsite www.grin.com ist die ideale Plattform zur Veröffentlichung von Hausarbeiten, Abschlussarbeiten, wissenschaftlichen Aufsätzen, Dissertationen und Fachbüchern.

Besuchen Sie uns im Internet:

http://www.grin.com/

http://www.facebook.com/grincom

http://www.twitter.com/grin_com

Bachelorarbeit

Titel der Bachelorarbeit

„Ibn Faḍlān und die Rūs: Wikinger aus der Sicht eines Arabers“

verfasst von

Ali Samaha

angestrebter akademischer Grad

Bachelor of Arts, BA

Wien, 2019

Studienrichtung: Orientalistik / Arabistik und Islamwissenschaft

1 Vorwort

Nachdem ich in den Sommerferien 2017 das Buch *Mohamed und Karl der Große* vom belgischen Historiker Henri Pirenne gelesen hatte, wurde mein Interesse an der Völkerwanderung geweckt. Pirenne hatte in seinem Werk die umstrittene These aufgestellt, dass die germanische Völkerwanderung nicht den Untergang des Römischen Reiches verursacht haben konnte, wie viele meinen. Vielmehr wäre es das Eindringen des Islams in römisches Territorium, das die politischen und wirtschaftlichen Umbrüche herbeigeführt hätte. Die wirtschaftliche Dominanz des Kalifats in der Mittelmeerregion hätte unmittelbar zum Einbruch des Mittelalters in Europa geführt. Nicht die germanischen Völker, die in römisches Gebiet eingedrungen sind, verursachten den Untergang des Reiches, denn sie gliederten sich in die neue Heimat ein, und nahmen am zivilisatorischen Fortschritt der Römer teil, so Pirenne.

Die letzte und verspätete Völkerwanderung war die der Wikinger. Skandinavische Waräger aus dem heutigen Schweden zogen Richtung Osten ins Land der Slawen, wo sie mit den türkischstämmigen Chazaren, die dort als dominierende Macht agierten, in Kontakt kamen. Die dort befindlichen Wikinger, nannte man Rūs „Rus". Es waren jene Wikinger, die Europa wirtschaftlich am Leben hielten. Durch ihre seefahrerischen Fähigkeiten und große Abenteuerlust, gelang es ihnen neue Handelswege zu erschließen. Durch ihren Handel kamen sie mit der muslimischen Welt mehr in Berührung als die meisten Europäer ihrer Zeit. Chronisten und Historiker aus der Islamischen Welt, berichteten über die Rūs.

Durch Pirennes Buch angeregtes Interesse, begann ich mehr über die Rūs zu recherchieren. Dabei ist mir aufgefallen, dass es lange keine einheitliche Meinung bezüglich der Herkunft der Rūs gab.

Hierbei könnten die teilweise ignorierten arabischen Berichte über die Rūs der Forschung weiterhelfen, so ist meine Überlegung gewesen. Die Debatte, um die es hier geht, fällt unter den Begriff „*Normanist Controversy*": Die Anhänger dieser Theorie meinen, die Rūs seien skandinavische Waräger, die nach Osteuropa zogen und dort staatliche Strukturen aufbauten. Sie wurden zu Herrschern über ein Volk der Slawen, bis sie später selbst slawisiert wurden. Genau hier wurzle der politische Ursprung einiger osteuropäischer Länder.

Das veranlasste mich, einen genaueren Blick auf die arabischen Berichte zu werfen. Der wahrscheinlich berühmteste und hinsichtlich dieser Thematik oft zitierte Ibn Faḍlān bereiste Anfang des 10. Jahrhunderts das Land der Slawen. Somit war er zeitnah am historischen Geschehen dabei.

Zur Arbeit: Im Anhang befindlich sind die ausgewählten Textstellen aus dem Bericht in einem zusammenhängenden Text zusammengestellt, und gemäß den Regeln der arabischen Grammatik vollständig vokalisiert. Die Textstellen sind nach Abbildungen von I-IX durchnummeriert. Dies erleichtert bei der Arbeit die Zuordnung zu den jeweiligen behandelten Textstellen. Anschließend folgt eine deutsche Übersetzung der Texte. Ich stützte mich vorwiegend auf die Übersetzung von James E. Montgomery (Sīrāfī & Ibn Faḍlān, 2014, S. 240-253). Zwar existieren zahlreiche, vorwiegend englische Übersetzungen, dennoch wird hier eine eigenständige deutsche Übersetzung vorgelegt. Für jedes nachgeschlagene Wort, das ich entweder nicht kannte, oder nicht wusste, wie es im jeweiligen Kontext zu übersetzen war, erstellte ich am Ende, Wortlisten. Die Vokabeln sind gemäß der Nummerierung der Abbildungen in neun Listen vorzufinden. Die Vokabeln in den Listen sind wiederum nach dem arabischen Alphabet entsprechend aufgelistet. Für alle Eigennamen bzw. Begriffe aus dem übersetzten Text, bei denen es eine genauere Beschreibung bedurfte, wurde ebenfalls im Anhang eine alphabetisch angeordnete Liste erstellt-Die jeweiligen Wörter im Text sind unterstrichen.

Ich beziehe mich bei der Übersetzung nicht auf das Manuskript von Yāqūt selbst, sondern auf die Ausgabe von Wüstenfeld.

Was die Transkription aus dem Arabischen betrifft, so folgt diese den Richtlinien der Deutschen Morgenländischen Gesellschaft (DMG).

Das Format des Literaturverzeichnisses richtet sich nach dem Standard der *American Psychological Association* (APA 6. Auflage).

Aufgrund eines Auslandsstudiums und die damit verbundenen bürokratischen Hürden war ich gezwungen, meine Arbeit in deutlich kürzerer Zeit fertigzustellen, als eigentlich vorgesehen war. Dennoch freue ich mich, die Arbeit, hiermit vorlegen zu können.

Mein Dank gebührt Ass.-Prof. Mag. Dr. Veronika Ritt-Benmimoun, die meine Arbeit betreut hat. Außerdem möchte ich Professor James E. Montgomery der Cambridge University für die Beantwortung meiner Emails bezüglich der Übersetzung der Berichte des Ibn Faḍlān danken.

WS. 2018 / 19 Wien

Inhaltsverzeichnis

2 Einleitung

Die vorliegende Arbeit thematisiert einige ausgewählte Auszüge aus den Reiseberichten des Aḥmad Ibn Faḍlān, Diplomat des Kalifen al-Muqtadir, der 920/21 n. Chr. zum König der Ṣaqāliba „Slawen“ entsandt wurde.

In dem von mir übersetzten Text berichtet der Geograph Yāqūt[1] in seinem berühmten Werk Muʿǧam al-buldān darüber, wie Ibn Faḍlān zum König der Ṣaqāliba entsandt wurde (*ˀilā maliki ṣ-ṣaqālibati*), nachdem letzterer den Kalifen al-Muqtadir um muslimische Missionare geben hatte, die den Islam innerhalb seines Reiches verbreiten sollten. Nebenbei bemerkt, ist diese Mission nie vollendet worden.

Das heißt, wir erfahren aus dem Bericht, wie Ibn Faḍlān zum Volk der Ṣaqāliba „Slawen“ geschickt wird, allerdings beantwortet diese Erkenntnis nicht die Frage, ob die hier thematisierte Gruppe, also sprich die Rūs, auch wirklich Slawen waren.
Bei der Frage um die eigentliche ethnische Zugehörigkeit bzw. Herkunft der Rūs sind sich die Forscher lange uneinig geblieben, wie bereits im Vorwort vorgestellt wurde. Die Debatte ist im akademischen Bereich bekannt als „*Normanist Controversy*“. Prinzipiell gibt es zwei Haupttheorien: Die Rūs seien ursprünglich skandinavische Wikinger[2]/ Waräger, meinen die *Normanist* - Anhänger. Die andere Theorie besagt, sie seien Slawen. Letztere ist ideologisch und politisch aufgeladen.
In dieser Arbeit werden wir uns genau dieser Frage widmen: *Waren die Rūs Wikinger oder Slawen?* Um diese Frage bestmöglich beantworten zu können, werden wir verschiedene Quellen über die Rūs bzw. Quellen über die Wikinger unter die Lupe nehmen und vergleichen. Dabei interessierten uns besonders die detailreichen Beschreibungen des Ibn Faḍlān. Wir werden, wie bereits erwähnt wurde, durch die Berichte des Ibn Faḍlān herausfinden, ob die Rūs, zumindest die, die er getroffen hatte, skandinavische Wikinger oder Slawen waren.
Zwar sucht man vergeblich nach einer Erwähnung über die eigentliche Herkunft der Rūs bei Ibn Faḍlān, dennoch findet man zahlreiche Hinweise, die der Beantwortung der Forschungsfrage dienen könnten.

[1] Der Reisebericht ist nicht nur durch Yāqūt erhalten. 1923 entdeckte Zeki Validi Togan ein Manuskript im Astane Quds Museum in Maschhad, der unteranderem die Berichte des Ibn Faḍlān enthielt. Vgl. Hermes, 2012, S. 80-84.

[2] Wikinger bezeichnet keine Ethnie. Das Wort *vikingr* kommt aus dem altnordischen und bedeutet Pirat. Es ist ein Sammelbegriff für alle skandinavischen Piraten, die plündernd in Europa und anderswo zwischen dem 9. und 11. Jahrhundert umherzogen. Vgl. Britannica, 1998, s.v. Viking.

3 Über die Berichte

Anfangs ist es wichtig zu erwähnen, in welchem politischen Klima diese Berichte aus dem 9. Jhd. n. Chr. über das Volk der Rūs entstanden sind. Es handelt sich um jene Zeit, in der das Arabische Reich expandierte. Für die Kalifen von Bagdad war es deswegen von großer Bedeutung, Diplomaten und Entdeckungsreisende zu fördern, um so die zur Eroberung in Frage kommenden Gebiete zu erforschen. Ibn Faḍlān, der als Diplomat in das Land der Slawen entsandt wurde, spricht in seinen Berichten eine zivilisierte muslimische Elite an. Eine Elite, die ein großes Interesse an „guten" Sklaven hatte. Die Vermutung liegt nahe, dass die Rūs von Ibn Faḍlān als potentielle Sklaven angesehen wurden. Beweise für einen lebhaften Sklavenhandel mit Osteuropäern in der islamischen Welt aus jener Zeit, sind in Fülle vorhanden. Dies lässt sich am besten anhand einer Aussage von Ibn Faḍlān verdeutlichen, wenn er beispielsweise erzählte:

> *Fa-lam ʾara ʾatamma ʾabdānan minhum ka-ʾannahumu-n-naḫlu šuqrun ḥumrun*
>
> „Ich habe noch nie so vollkommene Gestalten gesehen wie ihre- groß, wie Palmen, blond und rötlich."

(Abbildung I)

Man könnte natürlich behaupten, dass dieses Zitat mit der zuvor behaupteten Meinung nicht zu tun hat. Jedoch gibt es hier einen Zusammenhang, denn dieser Kommentar des Ibn Faḍlān über die physische Erscheinung der Rūs lässt sich auch anders interpretieren, nämlich dass sie, also das Volk der Rūs, als Sklaven „guter Qualität" dienen könnten. Diese Aussage mag zynisch klingen, und sie ist es wahrscheinlich auch, aber wenn man sich den Sklavenhandel der damaligen Zeit vor Augen führt, wie bereits oben vorgestellt wurde, dann kann die eben aufgestellte Behauptung einem sehr plausibel erscheinen. Im Laufe dieser Arbeit werden wir wieder darauf zu sprechen kommen.

4 Wer sind die Rūs?

Bevor wir mithilfe der Berichte des Ibn Faḏlāns in den Unterkapiteln diese Frage beantworten, soll hier zuerst der Begriff Ṣaqāliba diskutiert werden:

Wie bereits in der Einleitung erwähnt wurde, wird berichtet, dass Ibn Faḏlān zum König der Ṣaqāliba entsandt wird. Lange wurde die Verwendung des Begriffes Ṣaqāliba (Sg. Ṣaqlabī) unter den Experten diskutiert. Das arabische Wort steht für die Bezeichnung der ethnischen Gruppe der Slawen. Die Begriffsbedeutung des Wortes Ṣaqāliba erfuhr im Laufe der Geschichte eine interessante Veränderung. Ähnlich verhält es sich mit der türkischen Bezeichnung für Mais (*mısır*[1]), was gleichzeitig auch Ägypten bedeutet: Ägypten bildete die Kornkammer des Osmanischen Reiches, aus der die Osmanen eine beträchtliche Menge an landwirtschaftlichen Produkten bezog. Da Mais in großen Mengen aus Ägypten importiert wurde, bekam Mais auf Türkisch dieselbe Bezeichnung wie das Land, aus dem es kam. Auf ähnliche Weise verlief es mit dem Begriff der Ṣaqāliba. Hierbei handelte es sich nicht um landwirtschatliche Produkte wie Mais, sondern um Sklaven, die für den Handel gedacht waren. Diese Bedeutungsveränderung fand im arabischen Andalusien statt, wo das Wort Ṣaqāliba als Benennung für alle „weißen" Sklaven verwendet wurde. Der Umstand, dass die meisten Sklaven tatsächlich ethnisch Slawen waren, sorgte dafür, dass die arabische Volksbezeichnung für die Slawen, Ṣaqāliba, gleichzeitig auch Sklave bedeutete. Interessanterweise fand diese Bezeichnung Eingang in europäischen Sprachen.[2]

Die frühen arabischen Gelehrten schienen über die eigentliche Herkunft der Rūs[3] unwissend gewesen zu sein. In dem geographischen Werk von al-Qazwīnī wird beispielsweise berichtet, dass die Rūs ein Volk der Türken seien.[4] Nach heutiger Kenntnis ist dies jedoch nicht richtig. Nebenbei bemerkt, al-Qazwīnī lebte fast drei Jahrhunderte nach Ibn Faḏlān. Die großen Sprachunterschiede zwischen Türken und Rūs, sind scheinbar lange unbemerkt geblieben, was einem zum Staunen bringt. Ich vermute dieses Missverständnis könnte darin liegen, dass die meisten arabischen bzw. persischen Quellen die Rūs und das türkischstämmige Volk der Chazaren oft in einem Atemzug erwähnten. Tatsächlich existierte ein Verhältnis zwischen den beiden Gruppen. Das sollte aber nicht zu der Annahme verleiten, dass ihre Beziehung als positiv zu bezeichnen ist. Zwischen den beiden Gruppen herrschte eine starke, vor allem wirtschaftliche Konkurrenz. Die Rūs mit ihrem seetauglichen Schiffen, ihrem Handel mit Sklaven[5] und begehrten Pelzen, sowie ihren Einsatz als Berufssöldner, verhalf ihnen zur wirtschaftlichen Dominanz. Schlussendlich konnten sie mit der Zeit mehr und mehr wirtschaftliche Macht über die wichtige Baltikum-Wolga-Kaspisches Meer-Route übernehmen.[6] Dieser auf Eigeninteressen basierende Wirtschaftskampf zwischen den Rūs und den Chazaren einerseits, und ihre geographische Nähe

[1] Heuser, 1962, S. 412.

[2] Vgl. Gordon & A., 2017, S. 127-134.

[3] Begriffsdefinierung der Rūs s. Kap. d. Beschreibungen im Anhang.

[4] *„wa- hum ʾummatun ʿaḏīmatun mina-l-turki" - und sie sind ein großes Volk der Türken"* Vgl. Cazwini, 1967, S. 393-394.

[5] Vgl. Kaplan, 1954, S. 3.

[6] Vgl. Hraundal, 2014, S. 71-72.

andererseits, sorgten scheinbar für ein Missverständnis bei so manchem Araber bzw. Perser, hinsichtlich der ethnischen Zugehörigkeit der Rūs.

Den Rūs gelang es, einen neuen wichtigen Handelsweg zwischen Ost und West zu öffnen, der das Kaspische Meer durch die Wolga mit der Ostsee verband. Archäologische Funde, vorwiegend Münzen, auf Gotland, belegen dies.[1]

Bei anderen arabischen bzw. persischen Berichten lesen wir ebenfalls von ähnlichen Zeugnissen, die die turbulente Beziehung zwischen Rūs und Chazaren belegen, wie beispielsweise beim Perser Ibn Khordadbeh, der um 840 die Rūs als ein Volk beschrieb, das das Land der Chazaren passiert, um an das Kaspische Meer zu gelangen, von wo es zur persischen Stadt Gorgan weitergeht, um dort seine Waren zu verkaufen. Weiters erwähnt er, dass sie sogar manchmal auf den Rücken der Kamele bis nach Bagdad, das Herz des Abbasidischen Reiches, weiterzogen. Dies würde die zahlreichen arabischen Münzfunde im Baltikum erklären, wie bereits angeführt wurde.

Kurzgefasst, aus der Erzählung erfährt man, wie Ibn Faḍlān zum Volk der Slawen entsandt wurde. Das beantwortet aber nicht die Frage, ob die hier thematisierte Gruppe, d.h. die Rūs, auch wirklich Slawen waren, bzw. ob Ibn Faḍlān sie auch als solche wahrgenommen hatte. Nach Aussagen über die ethnische Zugehörigkeit der Rūs sucht man bei Ibn Faḍlāns Berichten vergeblich. Jedoch gibt es reichlich Hinweise, die in gewisser Weise der Beantwortung der Fragestellung dienen könnten. Um dies bestmöglich beantworten zu können, werde ich eine Liste erstellen, die alle Punkte beinhaltet bezüglich der Bräuche, Sitten, und aller wichtiger kultureller Aspekte, die Ibn Faḍlān über die Rūs registriert hatte. Jeder Punkt wird genau behandelt und mit den Informationen über die Wikinger verglichen, um schlussendlich herauszufinden, ob die Rūs Wikinger waren, oder nicht. Die sieben Punkte werden in den gleichnamigen Unterkapiteln behandelt:

Wichtige Aspekte aus Ibn Faḍlāns Bericht über die Rūs

- Am Fluss ʾItil (Wolga)
- Beerdigung bei den Rūs
- Waffen der Rūs
- „Bilder“ von der Spitze der Zehe bis zum Hals
- Frauen tragen an ihren Brüsten „Boxen“
- Umgang mit Kranken
- Konkubinat

[1] Vgl. Pirenne, 1936, S. 159.

4.1 Am Fluss ʾItil (Wolga)

Wie im Anhang in der Liste der Beschreibungen erwähnt wird, ist ʾItil die Bezeichnung für den Fluss Wolga. Es ist historisch belegt, dass im Jahre 793 skandinavische Räuber mit ihren Drachenschiffen an der Ostküste Englands das Kloster *Lindisfarne* plünderten. Danach zogen Wikinger in alle Herren Länder aus. In der Forschung gilt diese Bewegung als die letzte und verspätete germanische Völkerwanderung. Zwischen diesem Ereignis und der Mission von Ibn Faḍlān liegen ca. 130 Jahre.

Die Wikinger des heutigen Schweden, die sog. Waräger[1], zogen mit ihren Schiffen nach Russland. Jacob van Klaveren verfasste einen sehr interessanten Artikel über die Bedeutung der Wikinger für die Belebung der Geldwirtschaft im frühen Mittelalter: Im mittelalterlichen Russland waren die Verhältnisse andere, als die in anderen Gebieten, die von den Wikingern heimgesucht wurden. Die Wirtschaft war dort so unentwickelt, dass die Phase der Plünderung, für die die Wikinger bekannt waren, übersprungen wurde. Es kam schon nach kurzer Zeit zur Reichsgründung. Das Resultat war die rasche Entstehung der sog. Warägerreiche. Die Eingeborenen wurden zur Abgabe von Naturaltributen verpflichtet.

Die Tribute wurden entweder nach Skandinavien in die Heimat gebracht, oder gewinnbringend in andere Länder verkauft, welche an Gewässern lagen und durch Schiffe erreichbar waren. Von der Ostsee aus drangen die Waräger in das ausgedehnte Flusssystem der Wolga bzw. Dnjepr ein, und kamen sogar auf der anderen Seite am Kaspischen Meer wieder heraus, wo sie in dem damaligen Konstantinopel ihre Ware an den Markt bringen konnten. Zahlreiche Münzfunde belegen dies. Ab 850 kehrten die meisten Wikinger nicht mehr heim. Grund für diese historische Wende war die Tatsache, dass sie wegen des Beutesystems nicht mehr in der Lage waren, sich so zu bereichern, um in ihrer alten Heimat ein besseres Leben führen zu können. Denn die Beute musste an die Führungsschicht der Wikinger abgegeben werden. Wer dies nicht tat, wurde mit Ermordung bestraft. Das Resultat war, dass viel Geld nach Skandinavien zurückfloss. Während die Führungsschicht sich mehr und mehr bereicherte, verjubelte die Mannschaft in kurzer Zeit ihren Beuteanteil. Zudem kamen viele Wikinger, um als Söldner der Slawenherrscher zu arbeiten, und schon nach kurzer Zeit, übernahmen sie selbst dort die Macht. [2]

So gliederten sich die Wikinger in die neuen Gebiete ein, übernahmen deren Bräuche und wurden Teil der Gesellschaft. Ibn Faḍlān kam ca. 70 Jahre später, d.h. er erlebte diesen Prozess hautnah, als er beispielsweise sagte:

---

[1] Das Wort „Waräger“ stammt aus dem russischen Wort „*varjag*“, was wiederum eine Korrumpierung des altnordischen „*vaeringer*“ ist, welches Bundesgenosse bedeutete. Vgl. Klaveren, 1956, S. 404.

[2] Vgl. Klaveren, 1956, S. 397-398.

Wa-raʾaytu-r-rusīyata wa-qad wāfū bi-tiǧārātihim fa-nazalū ʿalā nahri ʾitil

„Ich erlebte wie das Volk der Rūs mit ihrer Ware am Fluss ʾItil (Wolga) [an Land gingen].“

(Abbildung I)

An einer anderen Stelle berichtet Ibn Faḍlān:

Yaǧīʾūna min baladihim fa-yarsūna sufunahum bi-ʾitil, wa-huwa nahrun kabīrun, wa-yabnūna ʿalā šāṭiʾihi buyūtan kibāran.

„Von ihrem Land kommen sie, um an dem Fluss ʾItil zu ankern. Dieser ist ein großer Fluss, an dessen Ufer bauen sie große Häuser aus Holz.“

(Abbildung III)

Diese Aussagen des Ibn Faḍlān, stimmen erstaunlich mit den historischen und archäologischen Gegebenheiten über die Wikinger an der Wolga zurzeit des 9. Jahrhunderts überein, wie wir es in diesem Unterkapitel bereits verdeutlicht haben.

Bei anderen arabischen bzw. persischen Berichten lesen wir ebenfalls von ähnlichen Zeugnissen, wie beispielsweise beim schon vorher erwähnten Perser Ibn Khordadbeh, der um 840 die Rūs als ein Volk beschrieb, das das Land der Chazaren passierte, um an das Kaspische Meer zu gelangen, von wo es zur persischen Stadt Gorgan weiterzog, um dort seine Ware zu verkaufen. Weiters erwähnt er, dass sie Handelsbeziehungen mit dem Kalifat hatten. Die Quellen über den Handel der Rūs mit dem Kalifat, würden die zahlreichen arabischen Münzfunde im Baltikum erklären.

4.2 Beerdigung bei den Rūs

Was den genauen Verlauf der Beerdigung bei den Wikingern betrifft, so gibt es relativ wenig Quellen darüber aus der Zeit vor der Christianisierung. Dies ist der Tatsache geschuldet, dass die Wikinger vorwiegend eine orale Tradition hatten. Einige Hinweise findet man im 8. Kapitel der sog. *Ynglingasaga* aus dem 13. Jahrhundert. Dort heißt es:

In his country Óðinn[1] introduced such laws as had been in force among the Æsir[2] before. Thus he ordered that all the dead were to be burned on a pyre together with their possessions, saying that everyone would arrive in Valhalla[3] with such wealth as he had with him on his pyre and that he would also enjoy the use of what he himself had hidden in the ground. For notable men burial mounds were to be thrown up

[1] Odin (altnord.) Nach der Edda der Oberste der Asen, nach volkstümlichen Vorstellungen auch Toten- oder Sturmgott. In nord. Quellen erscheint Odin als Gott der Ekstase, des Krieges und der Toten. Vgl. Britannica, 2018, s.v. Odin.

[2] *Æsir* (Aesir): Begriff aus der nord. Mythologie. Bezeichnet die Mitglieder des Götterpantheon. Mitglieder dieses Pantheon sind: Odin, Thor [et. al.]. Vgl. Britannica, 1998, s.v. Aesir.

[3] Walhalla (engl. Valhalla): Begriff aus der nordischen Mythologie: Es bezeichnet eine Halle, die für im Kampf gefallene tapfere Krieger als Ruheort dient. Vgl. Sawyer, 1997, S. 216.

as memorials. But for all men who had shown great manly qualities memorial stones were to be erected, and this custom continued for a long time thereafter. [1]

Aus dieser Quelle lässt sich die Erkenntnis gewinnen, dass die Verbrennung der Toten mit ihrem Hab und Gut bei den Skandinaviern, also sprich den Wikingern, religiöser Natur war. Zum Vergleich dazu finden wir diesbezüglich Erwähnungen bei Ibn Faḍlān, als ein Mann der Rūs, mittels Übersetzer, mit ihm ins Gespräch kam. Ibn Faḍlān erzählt:

> *Wa-kāna ʾilā ǧānibi raǧulun mina-r-rūsiyyati fa-samiʿtuhu yukallimu-t-turǧmāna-l-laḏī maʿahu, fa-saʾaltahu ʿammā qāla lahu, fa-qāla: ,ʾinnahu yaqūlu ʾantum maʿāširu-l-ʿarabi ḥamqā li-ʾannakum taʿmadūna ʾilā ʾaḥabbi-n-nāsi ʾilaykum wa-ʾakramahum ʿalaykum fa-taṭraḥūnahu fī-t-turābi fa-taʾkuluhu-l-hawāmmu wa-d-dūdu wa-naḥnu naḥriquhu bi-n-nāri fī-laḥẓatin fa-yadḫulu-l-ǧannata min waqtihi wa-sāʿatihi*
>
> „Neben mir hörte ich einen Mann der Rūs, welcher sich mit dem bei ihm befindlichen Übersetzer unterhielt. Danach fragte ich ihn (den Übersetzer), worüber er denn gesprochen hatte. Da antwortete er mir und sagte: „Er erzählte, dass ihr, das Volk der Araber, Narren seiet, weil ihr euren geliebten und hochgeschätzten Mitmenschen hernehmet und in den Boden begrabet, sodass ihn die Ungeziefer und Würmer fressen. Sie hingegen verbrennen ihren Toten, auf diese Weise gelangt er unverzüglich ins Paradies."
>
> (Abbildung VII)

An einer anderen Stelle wo, Ibn Faḍlān Zeuge eines Schiffsgrabes wurde, beschreibt er sehr genau den Verlauf der Beerdigung. Hierzu ein kurzer Auszug:

> *Fa-taʾḫuḏu-n-nāru fī-l-ḥaṭabi ṯumma fī-s-safīnati ṯumma fī-l-qubbati wa-r-raǧilu wa-l-ǧāriyatu wa-ǧamīʿu mā fīhā.*
>
> „Und das Brennholz fing Feuer, dann das Schiff, dann Jurte, der Mann, die Konkubine und alles, was darin war."
>
> (Ist nicht in den Abbildungen enthalten!)

Auch hier stellt man eine große Ähnlichkeit zwischen der Kultur und Bräuchen der Wikinger, und den Berichten des Ibn Faḍlān fest. Denn diese Art der Beerdigung ist dem Anschein nach ein Kult, der dem nordischen Gott Odin gewidmet war, wie bereits verdeutlicht wurde.

Was das Menschenopfer angeht, so gibt es dafür archäologische Beweise aus Norwegen- In Oseberg-Hof wurde ein Schiff ausgegraben, welches unter anderem Skelette von zwei Frauen enthielt. Die Archäologen gehen davon aus, zwei Konkubinen, die absichtlich ermordet wurden, um als Grabbeigabe zu dienen, gefunden zu haben. Das von Ibn Faḍlān beschriebene Schiffsgrab ist eindeutig ein Brauch aus Skandinavien. Dort wurde oft eine Kammer für ein für die Bestattung vorgesehenes Schiff errichtet, in der der Tote mitsamt seiner Habe gebettet wurde. Bei der Beschreibung erwähnt Ibn Faḍlān ebenfalls ein Zelt (*qubba*) aus Filz, das auf das Schiff aufgeschlagen wurde. Dabei handelt es sich höchstwahrscheinlich um ein chazarisches Zelt. Das aufgeschlagene Zelt ist ein Indiz für die Verschmelzung türkischer bzw. östlicher

[1] Hraundal, 2014, S. 81.

Elemente mit der Wikingerkultur. Durch die Berichte Ibn Faḍlāns bekommen wir somit einen sehr interessanten Einblick in dem Prozess, wie ein Volk des Nordens zu einem Volk des Ostens wird.[1]
Die Beerdigung bei den Rūs findet auch Erwähnung beim persischen Weltenbummler Ibn Rustah aus dem 10. Jahrhundert. So wie Ibn Faḍlān beschreibt er den Verlauf der Beerdigung, jedoch weniger detailreich. Auch er erwähnt die Verwendung von Konkubinen als Grabbeigaben. Dennoch stimmen seine Berichte in dieser Hinsicht nicht komplett mit denen von Ibn Faḍlān überein. Ibn Rustah beschreibt eine Konkubine, die man lebendig begrub, während sie bei Ibn Faḍlān vorher umgebracht wurde.[2] Hier darf natürlich nicht vergessen werden, dass beide Beobachter nicht die Art der Beerdigung im Allgemeinen beschrieben, sondern nur jene, die sie selbst gesehen hatten. Zudem kann der Ablauf der Beerdigungen wahrscheinlich nicht überall bis ins kleinste Detail identisch gewesen sein.

4.3 Waffen der Rūs

Man könnte meinen, es sei ein Mythos der modernen Unterhaltungsindustrie, dass die Wikinger immer mit Schwert, Dolch und Axt unterwegs waren. Umso überrascht ist man aber, wenn man bei Ibn Faḍlān, dessen Berichte knapp tausend Jahre alt sind, genau diese angeblichen Mythen vorfindet. In diesem Kapitel werden wir uns der Frage widmen, was Ibn Faḍlān über die Waffen der Rūs zur berichten hat. So sagte er:

> *Wa maʿā kulli wāḥidin minhum sayfun wa-sikkīnun wa-faʾsun lā tufāriquhu.*
>
> „Jeder von ihnen führt immer ein Schwert, Dolch und eine Axt mit sich, welche ihn nie verlassen."
>
> (Abbildung I)

Wenn man an die Waffen der Wikinger denkt, dann kommt einem womöglich die Axt als erstes in den Sinn. Tatsächlich benutzten die Wikinger im Kampf häufig Äxte. Auf einem angelsächsischen Grabstein aus dem 9. Jahrhundert ist eine Kampfszene dargestellt, wo Äxte von Wikingern geschwungen werden. Aus verschiedenen Quellen lässt sich klar herauslesen, dass Äxte ein wesentlicher Bestandteil der Identität der Wikinger waren. Äxte waren wie Schwerter, eine herkömmliche Waffe, die auch liebevoll verziert wurde.

Was die Schwerter bei den Wikingern betraf, so befanden sich diese immer am Mann. Die Klingen waren, wie Ibn Faḍlān richtig beobachtet hatte, fränkisch, was in diesem Unterkapitel noch weiter behandelt wird. Ein typisches Wikingerschwertblatt war zweischneidig.[3]

Der Grund warum der Einzelne seine Waffen immer mit sich trug, war unter anderem ihre Funktion als Statussymbol. Dies galt insbesondere für Schwerter, die in den meisten Fällen nach dem Abscheiden des

[1] Vgl. Peter, 2015, S. 183-184.

[2] Vgl. Watson, 2004, S. 297.

[3] Vgl. Graham-Campbell, 1980, S. 24-26.

Besitzers als Grabbeigabe verwendet wurden, was zahlreiche Ausgrabungen belegen. Zwischen dem Schwert und dem Besitzer herrschte eine mystische und hingabevolle Beziehung.

Die folgende Aussage Ibn Faḍlāns hat für etwas Verwirrung gesorgt. Dabei handelt es sich um die Übersetzung eines einzelnen Wortes, an dem aber vieles hängt. So heißt es:

> *Wa-suyūfuhum ṣafāʾiḥ mušaṭṭabatun ʾafranǧiyyatun.*
>
> „Ihre Schwerter haben [geritzte] fränkische Klingen."
>
> (Abbildung I)

Die Schwertblätter bei den Nordmännern waren in der Tat meistens fränkischen Typs. Vor allem die Klingen des Schmiedes *Rheinish Ulfberht*, der seinen Namen auf den Klingen hinterließ, genossen großes Ansehen. *Ulfberht* Schwerter wurden scheinbar aufgrund der guten Qualität ihrer Klingen in weiten Teilen Europas kopiert. Es befanden sich viele nachgeahmte Schwerter im Umlauf mit der Aufschrift *Rheinish Ulfbertht*, ähnlich wie es heute mit gefälschten Produkten der Fall ist. Oft importierten Wikinger nur die Klingen, um dann den Griff von einheimischen Handwerkern ergänzen zu lassen. Der Export von Klingen aus dem Frankenreich nach Skandinavien florierte, bis Karl der Große den Export von Klingen an die Nordmänner untersagte. Dieses Verbot durfte höchstwahrscheinlich nicht konsequent durchgesetzt worden sein. Die Wikinger konnten weiterhin Schwerter aus England oder von irgendwo anders erwerben. In anderen Fällen konnten sie Waffen rauben oder ihren Nachbarn gewaltsam entreißen.

Um jetzt zur bereits erwähnten Verwirrung zurückzukommen, kommen wir zur Übersetzung des arabischen Wortes *mušaṭṭab*. Bei der Übersetzung, wie es im Anhang auch ersichtlich ist, wurde das Wort *mušaṭṭab,* mit "geritzt" übersetzt. Denn wie bereits beschrieben wurde, pflegten die Wikinger, sprich die Rūs, Gravierungen, wie den Namen *Rheinish Ulfberht,* auf ihren Schwertern zu haben. *Ulfberht*-Schwerter waren aber sehr teuer, und schwer zu beschaffen. Womöglich besaß nur die wohlhabende Oberschicht der Rūs solche Schwerter.

Allerdings hat James E. Montgomery bei seiner Übersetzung im Buch, *Two Arabic Travel Books*, das Wort *mušaṭṭab anders* übersetzt, dort heißt es nämlich:

> *"They use Frankish swords with broad, ridged blades"* [1]

Nachdem ich mit Professor J.E. Montgomery per Email Kontakt aufgenommen hatte, wurde die Verwirrung noch größer. Die Verwirrung ist nicht dem Professor geschuldet, sondern der Mehrdeutigkeit des Wortes *mušaṭṭab.* Der Professor bestätigte, dass dieses Wort in der Tat mehrere Bedeutungen haben kann. Außerdem vermutete er, dass Ibn Faḍlān etwas anderes gemeint haben könnte mit dem Wort *mušaṭṭab,* als man aus seiner Übersetzung zu verstehen vermag. Es könnte sein, dass Ibn Faḍlān die Vertiefung der Klingen in der Mitte, die für fränkische Schwertblätter charakteristisch war, beschrieb, so der Professor. Er begründet die Verwendung des englischen Wortes „ridged" damit, dass er sich stets an die lexikalische Bedeutung des Textes gehalten hatte, und so gut es ging, eigene Interpretationen vermied.

[1] Vgl. Sīrāfī & Ibn Faḍlān, 2014, S. 241.

Genau das führt uns zu einem Dilemma. Denn wenn man das Wort *mušaṭṭab*, mit „ridged" („gezahnt") übersetzt, würde es in Anbetracht der archäologischen Funde und Fakten, keinen Sinn ergeben.

Die Vermutung liegt nahe, dass Ibn Faḍlān mit *mušaṭṭab*, die Gravierungen oder bestimmte Muster auf den Schwertblättern der Rūs beschrielbn Es ist schwer vorstellbar, dass er damit „gezahnte Klingen" gemeint haben könnte. Die eben gestellte Behauptung stützt sich auf vier Tatsachen:

a) Sowohl die Rūs als auch die Wikinger verwendeten so gut wie gar keine gezahnten Schwerter. Das typische Wikingerschwert war gerade, einhändig, zweischneidig und ca. 90 cm lang. Die Spitze war in der Regel stumpf, weil es mehr fürs Abhacken und Zertrümmern, als zum glatten Schneiden und Durchstechen gedacht war.[1]

b) Einige Wikingerschwerter hatten Aufschriften oder Gravierungen, die bekannteste war *Rheinish Ulfberht.*

c) Im Text von Ibn Faḍlān ist die Rede von fränkischen Schwertern, die auch nicht gezahnt sein konnten, wie zahlreiche archäologische Funde belegen.

d) Das Wort *mušaṭṭab kann* im Zusammenhang mit Schwert, laut Lisān al-ʕArab, folgendes heißen: „*wa-sayfun mušaṭṭabun wa-mašṭūbun: fīhi šuṭabun.* (Ibn-Manẓūr, 1969, S. 496)" D.h. ein Schwert mit *šuṭbun* oder auch *šuṭūb*, und dieses bedeutet wiederum laut Wahrmund II, „wellige Linien[2] auf Schwertklingen", oder „ein langer Streif" (Wahrmund, 1898, s.r. š-ṭ-b).

Ergänzend, und um die Behauptung zu bekräftigen, hier noch ein Zitat von einer Beschreibung von archäologischen Funden auf dem geographischen Gebiet, wo einst die Rūs gelebt haben:

> „*In 1963 – 64, the swords which had been found in Ancient Russia and the Volga-Bulgar area were studied with favorable and unexpected results. After a special cleaning, craftsman's inscriptions, various figures and damascenes were found on the blades. […] Swords were the only early midlevel weapon considered worthy of a signature. With large Roman capitals, the names, not of the swords themselves or of their owners, but of the craftsman or workshops, were printed on the blades. Of the swords examined, 22 (40 %) revealed the names of West European swordsmiths who probably worked at the areas of the Rhine and Danube.* [3]

In Anbetracht der vier erwähnten Punkte und der archäologischen Funde, kommen wir zum Schluss, dass Ibn Faḍlān mit der Aussage: *Wa-suyūfuhum ṣafāʔiḥ* <u>*mušaṭṭabatun*</u> *ʔafrinǧiyyatun*, die Gravuren auf den Schwertblättern gemeint haben könnte.

---

[1] Vgl. Griffith, 1995, S. 173-175.

[2] Bei der fränkischen Schweißtechnik bildet sich während der Bearbeitung auf der Klinge ein wellenartiges Muster, welches aus der Kombination von dunklen und hellen Stellen auf dem Schwertblatt entsteht. Vgl. Montgomery, 2000, S. 6.

[3] Hannestad, 1970, S. 58- 59.

4.4 „Bilder“ von der Zehe bis zum Hals

> *Wa-min ḥaddi ẓufri-l-wāḥidi minhum ʾilā ʿunuqihi muḫḍaru šaǧarin wa-ṣuwarin wa-ġayri ḏālika.*
>
> „Jeder Einzelne von ihnen ist von der Spitze der Zehe bis zum Hals, mit dem Anblick von Bäumen, Bilder und ähnlichem [versehen]. “
>
> (Abbildung I)

Mit diesen Worten beschrieb Ibn Faḍlān das äußere Erscheinungsbild der Rūs Männer. Ibn Faḍlān gewährt uns hier eine interessante und seltene Information über die Rūs / Wikinger. Nun stellt sich die Frage, ob er damit Tätowierungen gemeint hatte oder eventuell eine abwaschbare Körperbemalung. Um dieser Frage nachzugehen, wurden die Quellen über die Wikinger nach Körperbemalung und Tätowierungen analysiert:

Es lässt sich schwer archäologisch nachweisen, ob die Wikinger, sprich Waräger, sich tätowieren ließen oder nicht. In den Quellen über die Wikinger gibt es keine Erwähnungen über ein Vollkörpertätowierung. Woher kommen nun diese Tätowierungen oder Körperbemalungen bei den Rūs, die Ibn Faḍlān gesehen haben soll? Womöglich handelt es sich hierbei um eine Übernahme eines fremden Brauches aus dem Osten. Wahrscheinlich wurde dieser Brauch durch die Chazaren oder andere Steppenvölker angeregt. Den Brauch der Tätowierung im Steppengebiet nördlich des Schwarzen Meeres findet man bei den Skythen, die dort 1000 Jahre vor den Rūs gelebt haben. Traditionell war ein Mann der Skythen, ‚von Kopf bis Fuß‘ tätowiert. [1] Allerdings bleibt es ungewiss, ob die Tätowierung eine gemeinskandinavische Mode, oder ein identitätsstiftendes Charakteristikum der Rūs war.

Archäologische Funde, die Tätowierungen bei den Wikingern zeigen, gibt es keine, zumindest sind bei meiner Recherche keine auffindbar gewesen. Im Gegensatz zu den Knochen bleibt die Haut, wenn sie nicht konserviert wird, nicht erhalten. Bei den schon eben erwähnten Skythen wurden beim Fund von *Pazyrk-Kurgan* die Mumie eines tätowierten skythischen Mannes ausgegraben. Für die Kultur der Skythen galt es als vornehm, tätowiert zu sein. Wer keine hatte, konnte nicht zum Adel gehören. [2] Die Vermutung liegt nahe, dass durch den Kontakt der Wikinger, sprich Rūs, mit anderen Kulturen, vor allem mit Völkern aus der Nordschwarzmeerregion, es zur Adaptation des Brauches der Tätowierung kam. Damit könnten wir hier vor uns ein weiteres Indiz für die kulturelle Umwandlung der Wikinger zu Osteuropäern haben, und Ibn Faḍlān liefert uns zur Thematik wertvolle Informationen.

---

[1] Vgl. Löber, 1998, S. 71-73.

[2] Vgl. Rolle, 1980, S. 56-57 & 90-93.

4.5 Frauenschmuck

> *Wa-kullu ʾimraʾatin minhum ʿalā ṯadyihā ḥuqqatun mašdūtatun ʾimmā min naḥāsin wa-ʾimmā min fiḍḍatin wa-ʾimmā min ḏahabin ʿalā qadri māli zawǧihā wa-miqdārihi.*
>
> „Jede Frau trägt an ihrer Brust eine Box entweder aus Eisen, Bronze, Silber oder Gold, je nach finanzieller Lage und sozialer Stellung ihres Ehemannes."
>
> (Abbildung I & II)

Die hier erwähnte „Box" ist nichts anderes als eine Fibel (Brosche), die von Wikingerfrauen benutzt wurde, um die Kleidungsstücke zusammenzuhalten. Diese waren in er Regel innen hohl, oval oder rund, und konnten die Form einer Box haben (Dosenfibel). Die Ovalfibeln bzw. Dosenfibeln saßen vorne beidseitig auf der Brust, und hielten Schlaufenträger und damit den Rock zusammen. Die Fibeln waren der Standardschmuck der Skandinavierinnen, und so auch der Rūs. Dieser Frauenschmuck konnte aus verschiedenen Metallen hergestellt werden. Den Frauen diente das Tragen von hochwertigen Fibeln der Zurschaustellung von Reichtum, wie Ibn Faḍlān auch angedeutet hat.[1] Wiedermal bestätigt uns Ibn Faḍlān die archäologischen Funde.

4.6 Hygiene bei den Rūs

Die Beschreibungen Ibn Faḍlāns über die Körperpflege der Rūs ist eindeutig als negativ zu verstehen und absolut nicht wohlwollend. Er schien von ihrer Körperhygiene entsetzt gewesen zu sein. Auch wenn er von ihrer physischen Beschaffenheit, wie bereits behandelt wurde, begeistert war, fand Ibn Faḍlān trotzdem keine positiven Worte, um sie in Sachen Körperpflege zu beschreiben:

> *Wa-hum ʾaqḏaru ḫalqi l-lāhi lā yastanǧūna min ǧāʾiṭin wa-lā yaġtasilūna min ǧanābatin kaʾannahumu-l-ḥamīru-ḍ-ḍāllatu.*
>
> „Sie sind die dreckigsten Geschöpfe Gottes: Sie reinigen sich nicht nach dem Stuhlgang und führen die große rituelle Waschung (istinǧāʾ), beim Zustand der großen rituellen Unreinheit *(ǧanāba)* nicht durch, so als wären sie wilde Esel."
>
> (Abbildung III)

Meiner Meinung nach spiegelt sich sein kultureller Hintergrund in diesen Worten wider. Für einen gläubigen Muslim und Diplomaten des Kalifen von Bagdad, und somit zur arabischen Elite gehörend, mag der Anblick ungewaschener und ungepflegter Wikinger schockierend gewesen sein. Doch was davon ist richtig? Könnte es nicht durchaus möglich gewesen sein, dass die Rūs und im weitesten Sinne die Wikinger, ein ausgesprochenes Hygienebewusstsein hatten, das aufgrund Ressentiments Nichtmuslimen gegenüber, von Ibn Faḍlān schlichtweg ignoriert wurde? Das wäre aber sehr untypisch für Ibn Faḍlān, der bekannt dafür war, ein genauer Beobachter gewesen zu sein, wie ich in dieser Arbeit anhand einiger Beispiele klargestellt habe. Eines kann man sicher behaupten: Ibn Faḍlāns und andere Berichte über die

---

[1] Vgl. Löber, 1998, S. 58-63.

Reinlichkeit der Rūs stehen zueinander im Kontrast. Scheinbar wurde je nach Beobachter mit verschiedenen Maßen gemessen.

Um wieder zum vorher erwähnten kulturellen Hintergrund zu kommen, ist es wichtig, das islamische Konzept der rituellen Reinheit, *ṭahāra*, kurz zu behandeln. Die Begriffe *ǧanāba* und *istinǧāʾ* wurden in der Liste der Beschreibungen im Anhang ausführlicher beschrieben. Das islamische Recht untersagt seinen Gläubigen, im unreinen Zustand einen religiösen Akt durchzuführen. Bevor man einen Akt des Glaubens durchführt, sei es Beten oder Koran rezitieren, ist es vorher obligatorisch, in einem körperlich „reinen" Zustand zu sein. Ob nach dem Stuhlgang, Wasserlassen oder ähnlichem, muss der Muslim und die Muslimin sich einer rituellen Waschung unterziehen. Ebenfalls nach dem Geschlechtsverkehr, während der Menstruation oder nach einer einfachen Blutung, ist es religiöse Pflicht im Islam, die rituelle Waschung durchzuführen. Nur so ist es möglich, den täglichen religiösen Pflichten eines Muslims nachzugehen.[1] Das islamische Reinheitsgebot ist sehr vielseitig und komplex, und es hat den Anschein, als sei es auch ein Merkmal, das dazu dient, sich von Nichtmuslimen abzugrenzen und eventuell auch, um sich von ihnen abzuheben. Ibn Faḍlān führt dies mit seiner Beschreibung beispielhaft vor, indem er sagt *„so als wären sie wilde Esel"*.

4.7 Umgang mit Kranken

Dazu wie die Rūs mit Kranken umgegangen sind, sagt Ibn Faḍlān folgendes:

> *Wa-ʾiḏā mariḍa minhumu-l-wāḥidu ḍarabū lahu ḫaymatan nāḥiyatan ʿanhum wa-ṭaraḥūhu fīhā wa-ǧaʿalū maʿahu šayʾan mina-l-ḫubzi wa-l-māʾi.*
>
> „Wenn einer von ihnen krank wird, schlagen sie ein weit von ihnen gelegenes Zelt auf, in dem sie ihn platzieren und ihn mit etwas Brot und Wasser versorgen."
>
> (Abbildung IV)

Diese Absonderung einer kranken und sterbenden Person, könnte durch den Einfluss der Türken entstanden sein. Chazaren und andere Turkvölker hatten die Vorstellung, dass todkranke Personen ansteckend sind.[2]

4.8 Konkubinat

Wenn man den Bericht Ibn Faḍlāns liest, dann fällt einem auf, dass Konkubinen oft Erwähnung finden. Obwohl er aus einem Kulturkreis entstammte, in dem das Konkubinat nichts Ungewöhnliches war, hat die Art und Menge der Sklaverei bei den Rūs bei ihm für großes Erstaunen gesorgt. Die Stellen, die Konkubinen erwähnen sind etliche, hier ein Beispiel dazu:

---

[1] Vgl. Rösch & Simon, 2012, S. 265.

[2] Vgl. Hraundal, 2014, S. 88.

Wa-li-kulli wāḥidin minhum sarīrun yağlisu ʿalayhi wa-maʿahu ğawārīyyahu r-rūqatu li-ltuğğāri, fa-yankiḥu l-wāḥidu ğāriyatahu wa-rafīquhu yanẓuru ʾilayhi.

„Jeder von ihnen hat ein Sofa, auf dem er mit seinen schönen Konkubinen, welche für den Handel gedacht sind, sitzt. Der Einzelne schläft seiner Konkubine bei, auch in Anwesenheit seines Freundes."

(Abbildung III)

Glaubt man den Berichten des Ibn Faḍlān, dann hatten die Rūs Sklaven im Überschuss. In der Forschung ist allgemein bekannt, dass die Wikinger Sklavenhandel im großen Ausmaß betrieben. Deswegen war es für die Wikinger bei ihren Überfällen von Vorteil, mehr Leute zu entführen, als zu töten. Zudem ist der Handel mit Sklaven durch die Nordmänner, vom Land der Slawen zur islamischen Welt, relativ gut dokumentiert. Das würde auch die sämtlichen slawischen Sklaven, die in der islamischen Welt auftauchten, erklären.

Selbst muslimische Gebiete blieben von solchen Überfällen nicht verschont. Arabische Quellen aus dem 9. Jahrhundert berichten von Raubzügen der Nordmänner in Andalusien, dann in Nordafrika. In Marokko, im kleinen Staat von Nakur, wurden sogar muslimische adelige Frauen entführt, die dann durch den Emir von Cordoba wieder freigekauft wurden. [1]

Die Wikinger, und somit auch die Rūs, waren Meister im Sklavenhandel. Der Handel mit Menschen war einer ihrer wichtigsten Einnahmequellen.

Einige Quellen zeigen die Existenz von Polygamie und Konkubinat zur Zeit der Wikinger im heutigen Skandinavien. Diese Formen von Beziehungen konnten auch gleichzeitig praktiziert werden. Der Mann konnte beides haben - d.h. er konnte eine oder mehrere Frauen haben, und ebenfalls im Besitz von einer oder mehrere Konkubinen sein. Jedoch ist zu betonen, dass Polygamie in vielen Gesellschaften der damaligen Zeit eher der Norm entsprach. Berichte über Polygamie bei den Rūs findet man auch beim persischen Geschichtsschreiber Ibn Miskawayh.

Darüber wie sehr die Polygamie unter den Wikingern, speziell den Warägern, verbreitet war, könnten uns die archäologischen Daten über einige Gräber der Rūs mit eindeutigen skandinavischen Elementen Aufschluss geben: In mehreren Gräbern konnten Männer ausgegraben werden, an deren Seite deutlich jüngere Frauen lagen. Die Positionierung der Paare deuten auf eine intime Beziehung zwischen den Toten hin. In manchen Gräbern war ein Mann mit mehreren Frauen bestattet.[2]

Diese Gräber sind absichtlich so hergerichtet worden. Basierend auf dem was Ibn Faḍlān berichtet hatte (s. Kap. Beerdigung bei den Rūs), sind diese, meistens junge Frauen, wahrscheinlich Konkubinen gewesen, die mit Absicht getötet wurden, um als Grabbeigabe ihr Ende zu finden.

---

[1] Vgl. Sawyer, 1997, S. 29.

[2] Vgl. Raffield, Price, & Collard, 2017, S. 169-177.

5 Resümee

Auch wenn die vorliegende Arbeit aufgrund des vorgegebenen Umfangs, nicht den kompletten Bericht über die Rūs von Ibn Faḍlān behandelt hat, ja nicht einmal alle von mir übersetzten Textauszüge, so war es doch ausreichend, um die gestellte Hauptfrage zu beantworten: *Sind die Rūs Slawen oder Wikinger?*

Wie aus dieser Arbeit deutlich hervorgeht, waren Rūs Wikinger, genauer Waräger, die aus Skandinavien, dem heutigen Schweden kamen und sich in Osteuropa, vorwiegend entlang der Wolga, niederließen. Die vielen skandinavischen kulturellen Elemente sind in den Chroniken des Ibn Faḍlān über das Volk der Rūs erkennbar. Selbstverständlich können die Bräuche und andere kulturelle Eigenheiten der Rūs nicht eins zu eins mit denen aus Skandinavien gleichgesetzt werden, weil die Rūs fern ihrer Heimat gelebt haben, und andere, vorwiegend östliche Kulturen, auf sie abgefärbt haben. Den meisten Einfluss übten die türkischen Chazaren aus, welche über ein Volk der Slawen herrschten. Es muss auch nochmals betont werden, dass meine Behauptung, die Rūs seien ein Volk der skandinavischen Wikinger, nur für die Gruppe von Rūs gilt, die Ibn Faḍlān so detailreich beschreibt. Wahrscheinlich sind es jene Rūs gewesen, die man in der Forschung „*Volga-Caspian-Rus*"[1] nennt.

Ibn Faḍlān und andere arabische Berichte könnten einen wichtigen Beitrag zur Erforschung der Wikinger und im weitesten Sinne die Erforschung europäischer Geschichte leisten. Lange Zeit wurden die arabischen Quellen über die Wikinger ignoriert, oder es wurde ihnen wenig Aufmerksamkeit geschenkt. Dabei könnten diese Quellen einen neuen kulturellen und historischen Blickwinkel auf die Wikinger liefern, womöglich sogar bahnbrechende Erkenntnisse ans Tageslicht bringen. Die arabischen Chroniken über die Rūs haben es verdient, ausführlicher erforscht zu werden. Mit dieser Arbeit habe ich einen kleinen und bescheidenen Beitrag zu dieser Thematik geleistet.

[1] Vgl. Hraundal, 2014, S. 66.

6 Anhang

6.1 Arabischer Text

فَاِنْتَهَكُوهَا حَتّى رَدَّهَا اللّٰهُ مِنْهُمْ وَأَبَادَهُمْ ، وَقَرَأْتُ فِي
رِسَالَةِ أَحْمَدَ بْنِ فَضْلاَنَ بْنِ الْعَبَّاسِ بْنِ رَاشِدِ بْنِ حَمَّادٍ
مَوْلَى مُحَمَّدِ بْنِ سُلَيْمَانَ رَسُولِ الْمُقْتَدِرِ إِلَى مَلِكِ الصَّقَالِبَةِ
حَكَى فِيهَا مَا عَايَنَهُ مُنْذُ انْفَصَلَ عَنْ بَغْدَادَ إِلَى أَنْ عَادَ
إِلَيْهَا فَحَكَيْتُ مَا ذَكَرَهُ عَلَى وَجْهِهِ اسْتِعْجَاباً بِهِ ،
قَالَ : وَرَأَيْتُ الرُّوسِيَّةَ وَقَدْ وَافُوا بِتِجَارَاتِهِمْ فَنَزَلُوا
عَلَى نَهْرِ إِتِلَ فَلَمْ أَرَ أَتَمَّ أَبْدَاناً مِنْهُمْ كَأَنَّهُمُ النَّخْلُ
شُقْرٌ حُمْرٌ لاَ يَلْبَسُونَ الْقَرَاطِقَ وَلاَ الْخُفَاتِينَ وَلَكِنْ
يَلْبَسُ الرَّجُلُ مِنْهُمْ كِسَاءً يَشْتَمِلُ بِهِ عَلَى أَحَدِ شِقَّيْهِ
وَيُخْرِجُ إِحْدَى يَدَيْهِ مِنْهُ ، وَمَعَ كُلِّ وَاحِدٍ مِنْهُمْ
سَيْفٌ وَسِكِّينٌ وَفَأْسٌ لاَ تُفَارِقُهُ ، وَسُيُوفُهُمْ صَفَائِحُ
مُشَطَّبَةٌ أَفْرَنْجِيَّةٌ ، وَمِنْ حَدِّ ظُفُرِ الْوَاحِدِ مِنْهُمْ إِلَى
عُنُقِهِ مُخَضَّرٌ شَجَرٌ وَصُوَرٌ وَغَيْرُ ذَلِكَ ، وَكُلُّ امْرَأَةٍ

Abbildung I

مِنْهُمْ عَلَى ثَدْيِهَا حُقَّةٌ مَشْدُودَةٌ إِمَّا مِنْ حَدِيدٍ وَإِمَّا مِنْ
نُحَاسٍ وَإِمَّا مِنْ فِضَّةٍ وَإِمَّا مِنْ ذَهَبٍ عَلَى قَدْرِ مَالِ
زَوْجِهَا وَمِقْدَارِهِ ، فِي كُلِّ حُقَّةٍ حَلْقَةٌ فِيهَا سِكِّينٌ مَشْدُودَةٌ

Abbildung II

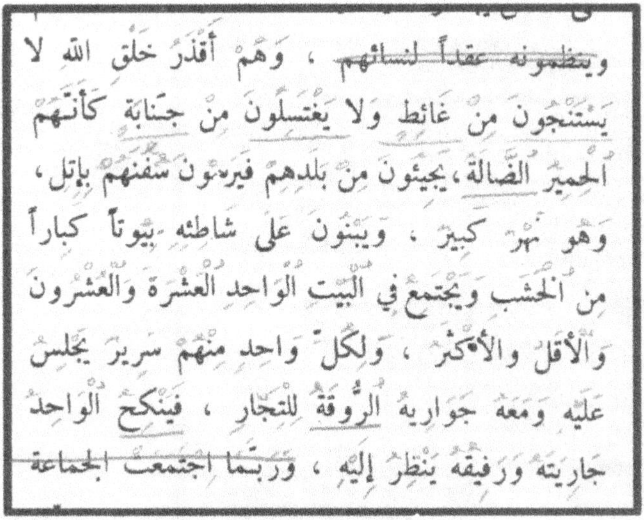

وَيَظْلِمُونَهُ عَقْداً لِنِسَائِهِمْ ، وَهُمْ أَقْذَرُ خَلْقِ اللهِ لَا
يَسْتَنْجُونَ مِنْ غَائِطٍ وَلَا يَغْتَسِلُونَ مِنْ جَنَابَةٍ كَأَنَّهُمُ
الْحَمِيرُ الضَّالَّةُ، يَجِيئُونَ مِنْ بَلَدِهِمْ فَيَرْمَوْنَ سُفُنَهُمْ بِإِتِلَ ،
وَهُوَ نَهْرٌ كَبِيرٌ ، وَيَبْنُونَ عَلَى شَاطِئِهِ بُيُوتاً كِبَاراً
مِنَ الْخَشَبِ وَيَجْتَمِعُ فِي الْبَيْتِ الْوَاحِدِ الْعَشَرَةُ وَالْعِشْرُونَ
وَالْأَقَلُّ وَالْأَكْثَرُ ، وَلِكُلِّ وَاحِدٍ مِنْهُمْ سَرِيرٌ يَجْلِسُ
عَلَيْهِ وَمَعَهُ جَوَارِيهِ الرُّوقَةُ لِلتِّجَارِ ، فَيَنْكِحُ الْوَاحِدُ
جَارِيَتَهُ وَرَفِيقُهُ يَنْظُرُ إِلَيْهِ ، وَرُبَّمَا اجْتَمَعَتِ الْجَمَاعَةُ

Abbildung III

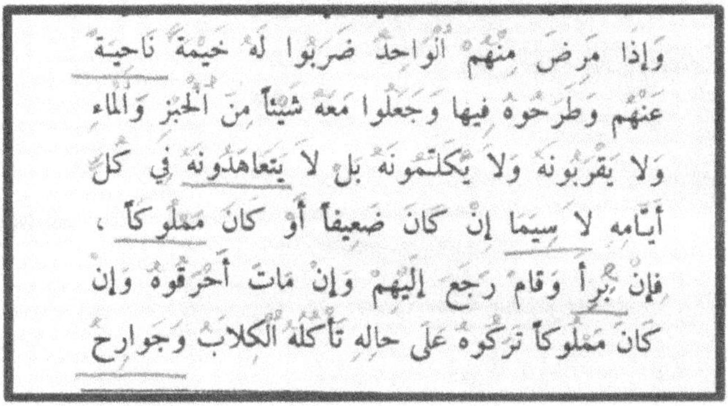

وَإِذَا مَرِضَ مِنْهُمُ الْوَاحِدُ ضَرَبُوا لَهُ خَيْمَةً نَاحِيَةً
عَنْهُمْ وَطَرَحُوهُ فِيهَا وَجَعَلُوا مَعَهُ شَيْئاً مِنَ الْخُبْزِ وَالْمَاءِ
وَلَا يَقْرَبُونَهُ وَلَا يُكَلِّمُونَهُ بَلْ لَا يَتَعَاهَدُونَهُ فِي كُلِّ
أَيَّامِهِ لَا سِيَّمَا إِنْ كَانَ ضَعِيفاً أَوْ كَانَ مَمْلُوكاً ،
فَإِنْ بَرِئَ وَقَامَ رَجَعَ إِلَيْهِمْ وَإِنْ مَاتَ أَحْرَقُوهُ وَإِنْ
كَانَ مَمْلُوكاً تَرَكُوهُ عَلَى حَالِهِ تَأْكُلُهُ الْكِلَابُ وَجَوَارِحُ

Abbildung IV

الطَّيرِ ، وَإذا أَصابوا سارِقاً أَوْ لِصّاً جاوُّوا بِهِ إلى
شَجَرَةٍ طَويلَةٍ غَليظَةٍ وَشَدّوا في عُنُقِهِ حَبْلاً وَثيقاً
وَعَلَّقوهُ فيها وَيَبْقى مُعَلَّقاً حَتّى يَتَقَطَّعَ مِنَ المُكْثِ
إمّا بِالرِّياحِ أَوِ الأَمْطارِ ، وَكانَ يُقالُ لي : إنَّهُمْ كانوا
يَفْعَلونَ بِرُؤَسائِهِمْ عِنْدَ المَوْتِ أُموراً أَقَلُّها الحَرْقَ ،
فَكُنْتُ أُحِبُّ أَنْ أَقِفَ عَلى ذَلِكَ حَتّى بَلَغَني مَوْتُ
رَجُلٍ مِنْهُم جَليل فجعلوه في قبره وسقفوا عليه عشرة

Abbildung V

الجَواري ، فَلَمّا ماتَ ذَلِكَ الرَّجُلُ الَّذي قَدِمْتُ ذِكْرَهُ
قالوا لِجَواريهِ : مَنْ يَمُوتُ مَعَهُ ؟ فَقالَتْ إحْداهُنَّ :
أَنا ، فوكلوا بها جاريتين تحفظانها وتكونان معها حيث

Abbildung VI

وَكانَ إلى جانِبي رَجُلٌ مِنَ الرّوسِيَّةِ فَسَمِعْتُهُ يُكَلِّمُ
التَّرْجُمانَ الَّذي مَعَهُ ، فَسَأَلْتُهُ عَمّا قالَ لَهُ ، فَقالَ :
إنَّهُ يَقولُ أَنْتُمْ مَعاشِرَ العَرَبِ حَمْقى لِأَنَّكُمْ تَعْمِدونَ
إلى أَحَبِّ النّاسِ إلَيْكُمْ وَأَكْرَمِهِمْ عَلَيْكُمْ فَتَطْرَحونَهُ
في التُّرابِ فَتَأْكُلُهُ الهَوامُّ وَالدّودَ وَنَحْنُ نَحْرِقُهُ بِالنّارِ
في لَحْظَةٍ فَيَدْخُلُ الجَنَّةَ مِنْ وَقْتِهِ وَساعَتِهِ ثُمَّ ضحك

Abbildung VII

ومن رسم ملوك الروس أن يكون معه في قصره
أربعمائة رجل من صناديد أصحابه وأهل الثقة عنده
فهم يموتون بموته ويقتلون دونه ، ومع كل واحد
منهم جارية تخدمه وتغسل رأسه وتصنع له ما يأكل
ويشرب وجارية أخرى يطؤها ، وهؤلاء الأربعمائة
يجلسون تحت سريره ، وسريره عظيم مرصع بنفيس
الجواهر ، ويجلس معه على السرير أربعون جارية
لفراشه ، وربما وطىء الواحدة منهن بحضرة أصحابه

Abbildung VIII

الذين ذكرنا ، ولا ينزل عن سريره ، فإذا أراد قضاء
حاجة قضاها في طشت ، وإذا أراد الركوب قدموا
دابته إلى السرير فركبها منه ، وإذا أراد النزول
قدم دابته حتى يكون نزوله عليه ، وله خليفة
يسوس الجيوش ويواقع الأعداء ويخلفه في رعيته ؛
هذا ما نقلته من رسالة ابن فضلان حرفاً حرفاً
وعليه عهدة ما حكاه، والله أعلم بصحته، وأما الآن
فالمشهور من دينهم دين النصرانية .

Abbildung IX

6.2 Übersetzung der Textauszüge

I. „Ich las die Berichte des Gesandten des Kalifen al-Muqtadir, zum König der Saqāliba, Aḥmad ibn Faḍlān ibn Abbās ibn Rāšid ibn Ḥammād, sein Herr Muhammad ibn Sulaymān. Er erzählte von dem was er eigens gesehen hatte, seitdem er Bagdad verließ und zurückkehrte. Ich berichtete über das, was er mit großer Bewunderung beobachtet hatte. So schrieb er: ‚Ich erlebte wie das Volk der Rūs[1] mit ihrer Ware am Fluss ʔItil[1] [an Land gingen]. Ich habe noch nie so vollkommene Gestalten gesehen wie ihre- Groß wie Palmen, blond und rötlich. Sie tragen keine Kurta oder Kaftan. Der Mann von ihnen umwickelt sich mit einem Umhang, welcher nur eine Hälfte seines Körpers bedeckt und einen Arm (Hand) frei lässt. Jeder von ihnen führt immer ein Schwert, Dolch und eine Axt mit sich, welche ihn nie verlassen. Ihre Schwerter haben [geritzte] fränkische Klingen. Jeder Einzelne von ihnen ist von der Spitze der Zehe bis zum Hals mit dem Anblick von Bäumen, Bilder und ähnlichem [versehen].

II. [...] Jede Frau trägt an ihrer Brust eine Box entweder aus Eisen, Bronze, Silber oder Gold, je nach finanzieller Lage und sozialer Stellung ihres Ehemannes.

III. [...] Sie sind die dreckigsten Geschöpfe Gottes: Sie reinigen sich nicht nach dem Stuhlgang und führen die große rituelle Waschung (*istinǧāʔ*), beim Zustand der großen rituellen Unreinheit (*ǧanāba*) nicht durch, so als wären sie wilde Esel.

Von ihrem Land kommen sie, um an dem Fluss ʔItil zu ankern. Dieser ist ein großer Fluss, an dessen Ufer bauen sie große Häuser aus Holz. In einem dieser Häuser versammeln sie sich zehn, zwanzig, weniger oder mehr Leute. Jeder von ihnen hat ein Sofa, auf dem er mit seinen schönen Konkubinen, welche für den Handel gedacht sind, sitzt. Der Einzelne schläft seiner Konkubine bei, auch in Anwesenheit seines Freundes.

IV. [...] Wenn einer von ihnen krank wird, schlagen sie ein weit von ihnen gelegenes Zelt auf, in dem sie ihn platzieren und ihn mit etwas Brot und Wasser versorgen. Die ganze Zeit über, weder nähern sie sich ihm, reden sie mit ihm, noch kümmern sie sich um ihn, insbesondere wenn er entweder schwach oder besessen ist. Wenn er aufsteht und wieder geheilt ist, kehrt er zu ihnen zurück. Sollte er sterben, so wird er an Ort und Stelle verbrannt. Im Falle einer Besessenheit, wird er in seinem Zustand den Hunden und Greifvögeln als Fraß gelassen.

V. [...] Wenn sie einen Dieb oder Banditen festnehmen, wird er an einem langen und dicken Baum, mit einem soliden Seil, am Hals aufgehängt. Dieser bleibt aufgehängt, solange bis er, entweder von den Winden, oder vom Regen von seinem [aufgehängten Zustand] gelöst wird.
Es wurde mir erzählt, dass sie mit ihren toten Oberhäuptern einige Dinge machen, Verbrennung war dabei das Mindeste. Daher strebte ich danach, dieses selbst zu sehen, bis mich der Tod eines Mannes von ihnen erreichte.

[1] Schreibung laut Yāqūt. Vgl. Yāqūt , 1866, S. 122 & 834.

VI. […] Als jener schon erwähnte Mann starb, fragten sie seine Konkubinen: „Wer möchte mit ihm sterben?“ Da meldete sich eine von denen: „Ich!“

VII. […] Neben mir hörte ich einen Mann der Rūs, welcher sich mit dem bei ihm befindlichen Übersetzer, unterhielt. Danach fragte ich ihn (den Übersetzer), worüber er denn gesprochen hatte. Da antwortete er mir und sagte: ‚Er erzählte, dass ihr das Volk der Araber, Narren seiet, weil ihr euren geliebten und hochgeschätzten Mitmenschen hernehmet und in den Boden begrabet, sodass ihn die Ungeziefer und Würmer fressen. Sie hingegen verbrennen ihren Toten, auf diese Weise gelangt er unverzüglich ins Paradies.‘

VIII. […] Zu den Bräuchen der Rūs gehört es auch, dass der König in seinem Schloss, ungefähr vierhundert Männer, bestehend aus den mutigsten und vertrauenswürdigsten seiner Kameraden, hat. Diese sind bereit für ihn zu sterben, und kämpfen für ihn. Jeder von ihnen hat eine Konkubine, die ihm dient, seinen Kopf wäscht, und ihn mit Essen und Getränken versorgt. Zudem besitzt jeder eine andere Konkubine, die er beischläft. Alle diese vierhundert Mann sitzen unter seinem Thron. Sein Thron ist riesig und geschmückt mit wertvollen Juwelen. Außerdem sitzen mit ihm auf dem Thron, vierzig Konkubinen. Manchmal kommt es vor, wie er vor den Augen seiner Kumpanen, welche wir zuvor erwähnt haben, einer von ihnen beischläft.

IX. […] Er (der König) steigt nie von seinem Thron ab, und wenn er seine Notdurft verrichten möchte, so tut er dies in einer Schüssel. Wenn er reiten möchte, dann bringen sie sein Reittier zum Thron, von dem er aus das Tier besteigt. Möchte er wieder absteigen, dann wird das Reittier zum Thron gebracht, von wo er dies tun kann. Außerdem hat er einen Stellvertreter, der die Armeen führt, die Feinde bekämpft und ihm in seiner Macht über seine Untertanen nachfolgt.‘

Das war was ich von dem Bericht (*risālā*) des Aḥmad Ibn Faḍlān Wort für Wort übertragen habe. Er ist zu verantworten für die Faktizität, über das, was er berichtet hatte, und Gott kennt die Tatsachen. Heute ist bei ihnen (Rūs) das Christentum, die am meisten verbreitete Religion.“

6.3 Wörterlisten

Abbildung I

Arabisch	Transkription	Deutsch	Bemerkung
إتل	*ˀitil*	Wolga	Schreibung laut Yāqūt/ türk. Itil
خفتان	*ḫaftān*	Kaftan	Wahrmund II, wattiertes Obergewand (pers.)
صقالبة	*ṣaqāliba*	Slawen	Wahrmund II, Sg. ṣiqlāb
قرطق	*qurṭaq*	Kurta	Wahrmund II, pl. qarāṭiq, Überkleid, (kragenloses weit geschnittenes Hemd)
كساء	*kisāˀ*	Obergewand	Wahrmund II, pl. kiswa
مخضر	*muḫḍar*	grüngefärbt,	Wahrmund II
مشطب	mušaṭṭab	geritzt,	H. Wehr, *šaṭb-* Ritz, Einschnitt, od. *šaṭb-* stämmig, groß, *Lisān al-ʕArab*, *wa-sayfun mušaṭṭabun wa-mašṭūbun: fīhi šuṭabun* = Ein Schwert mit Linien.

Abbildung II

Arabisch	Transkription	Deutsch	Bemerkung
حقة	*ḥuqqa*	kleine Box	H. Wehr

Abbildung III

Arabisch	Transkription	Deutsch	Bemerkung
جنابة	*ǧanāba*	sog. große rituelle Unreinheit	Wahrmund I, Unreiner, „große rituelle Unreinheit“ - Siehe „Handwörterbuch des Islam“
ر□ا	*rasā (bi-)*	absetzten (Schiff), zu ankern	H. Wehr s. r. *r-s-w*
روقة	*rūqa*	schön	H. Wehr, *rūqa* für beide Geschlechter
□ال	*ḍāll*	wild, streunend, irrend	Wahrmund II
غائط	*ġāʾiṭ*	Menschenmist	Wahrmund II
غسل	*ġasala*	(rituelle) Waschung	Handwörterbuch des Islam, *ġusl*: “große rituelle Waschung“ Vgl. Koran Sure 5 Vers 8 & 9
نكح	*nakaḥa*	beischlafen	Wahrmund II

Abbildung IV

Arabisch	Transkription	Deutsch	Bemerkung
برئ	*bariʾa*	genesen	Wahrmund II, *bariʾa min* (von einer Krankheit genesen)
جوارح الطير	*ǧawāriḥ aṭ-ṭuyūr*	Greifvögel, Raubvögel	H. Wehr, s. r. *ǧ-r-ḥ*
عاهد	*ʿāhada*	sich kümmern um	G. Schregle
لا□يما	*lā siyyamā*	insbesondere	Wahrmund II
مملوكا	*mamlūkan*	Sklave	G. Schregle

ناحية	*nāḥiya*	abgesondert	Wahrmund II

Abbildung V

Arabisch	Transkription	Deutsch	Bemerkung
أقف على	*ˀaqifa ˁalā*	sich erkundigen	H. Wehr, s. r. *w-q-f, waqafa ˁalā* (nach): sich erkundigen,
غليظ	*ġalīẓ*	dick, hart	Wahrmund II
مكث	*makṯ*	Bleiben, Verweilen	H. Wehr
وثيق	*waṯīq*	solid	Wahrmund II

Abbildung VI

Arabisch	Transkription	Deutsch	Bemerkung
قدم ذكره	*qadima ḏikrahu*	ein vorher erwähnte	H. Wehr, s. r. *q-d-m, al-mutaqaddim ḏikruhu-* der vorher erwähnte

Abbildung VII

Arabisch	Transkription	Deutsch	Bemerkung
حمقى	*ḥamqā*	dumm	Wahrmund I
عمد	*ˁamada*	hernehmen	H. Wehr, (*ˀilā* etw.)
كرم	*karam*	hochgeschätzt	H. Wehr, s. r. *k-r-m, karīm pl. kuramāˀ*, freigebig, hochgeschätzt, achtbar etc.
معاشر العر□	*maˁāšir l-ˁarab*	Volk der Araber	Wahrmund I, *maˁšar*, pl. *maˁāšir*, Genossenschaft, Gesellschaft, Trupp

هوام	*hawāmm*	Ungeziefer	Wahrmund II, Sg. *hāma*, pl. *hawāmm* od. *hamīm*, schädliches Reptil, (Skorpion u. dgl.), Wurm etc.

Abbildung VIII

Arabisch	Transkription	Deutsch	Bemerkung
ر□م	*rasm*	Bräuche	H. Wehr, *marāsim*, Zeremonien, Etikette, Vorschriften
صناديد	*ṣanādīd*	mutig,	Wahrmund II, Sg. *ṣindīd*, tüchtiger Fürst, *aṣ-ṣanādīd-* die Tapfersten,
□رير	*sarīr*	Sofa, Ruhebett	Wahrmund I
فراش	*firāš*	Bett	Wahrmund II, pl. *fu-ruš*, Bett, Matratze, auch Weib & Frau
مرصع	*muraṣṣaʿ*	Mit Gold od. Juwelen ausgelegt	Wahrmund II, *muraṣṣaʿ bi-*, pl. *marāṣiʿ*
نفيس	*nafīs*	wertvoll, kostbar	Wahrmund II, f.
وطء	*waṭiʾa*	beischlafen	H. Wehr, s. r. *w-ṭ-ʾ*, *waṭiʾa*, geschlechtlich verkehren (*waṭiʾahā-* mit einer Frau)

Abbildung IX

Arabisch	Transkription	Deutsch	Bemerkung
دابة	*dāba*	Lasttier, Esel, Pferd	Wahrmund I, pl. *dawābb*, auch lang-sam kriechendes Tier,
□اس	*sāsa, (sawwasa)*	anführen, regieren	Wahrmund II, *sāsa*, *siyāsa* (Politik)
طشط	*ṭašṭ*	Schüssel	Wahrmund II, pl. *ṭušūṭ*, Becken, Tasse
وقع	*wāqa*ʿ	bekämpfen	H. Wehr, s. r. *w-q-*ʿ, III-Stamm, angreifen, kämpfen, auch einer Frau beiwohnen,

6.4 Liste der Beschreibungen

1. ***ǧanāba*:** Ist die sog. „große rituelle Unreinheit" im Islam. Die Person, welche sich in diesem Zustand befindet, kann nur durch die *ġusl* „große rituelle Waschung" wieder rein werden. In der 5. Sure des Korans Vers 9 heißt es: „Wenn *ihr ehelichen Verkehr mit euren Frauen gepflegt habt, so reinigt euch*". Die von diesem Zustand betroffene Person heißt *ǧunub* Der *ǧunub* ist im alltäglichen Leben eines Muslims stark eingeschränkt: Er darf nicht beten, eine Moschee betreten, den Koran berühren oder sogar Koranverse rezitieren.

2. ***ˀistinǧāˀ*:** Bezeichnet im islamischen Kontext die rituelle Reinigung. Sie gilt als religiöse Pflicht eines jeden Muslims, und muss nach der Verrichtung der Notdurft durchgeführt werden.

3. **ˀItil:** Ist die tatarische Bezeichnung für die in Europa liegende Wolga. Sie ist der längste Fluss Europas. Der Fluss entspringt aus den Waldaihöhen und mündet ins Kaspische Meer. Über die Jahrhunderte hinweg, stellte die Wolga einen wichtigen Wirtschaftsfaktor, für die anliegenden Gebiete dar. Die kulturelle Bedeutung der Wolga für das Volk der Russen, ist mit der des Nils für die Ägypter zu vergleichen. Deswegen überrascht es einem nicht, wenn man erfährt, wie die Russen die Wolga noch nennen- „*Volga Matushka*", was so viel bedeutet wie „Mutter Wolga".[1]

4. **Kaftan:** Ist ein bodenlanges Kleidungsstück mesopotamischen Ursprungs. Die üblichen Herstellungsmaterialien sind Baumwolle, Seide oder Brokat. Ein Kaftan ist langärmelig und nach vorne offen[2]. Er ist tunikartig und reicht bis zu den Knöcheln bzw. Waden. Über den Qamis wird er getragen und mit Knöpfen geschlossen. Im Zuge des wachsenden persischen Einflusses im 9./10. Jahrhundert, verbreitete sich der Kaftan auf der Arabischen Halbinsel. Die westliche Mode der Neuzeit hat den Kaftan allmählich verdrängt. Heute ist der Kaftan häufiger bei Frauen im Maghreb anzutreffen.[3]

   Auf türkisch bedeutet *kaftan* ein langer Mantel.[4]

5. **Kurta:** Ist ein langes und locker sitzendes Oberhemd, das seinen Ursprung in Indien hat (Merriam-Webster, 2018).

6. **al-Muqtadir:** War von 908 bis 932 der achtzehnte Kalif der Abbasiden. Er regierte länger als alle anderen Kalifen vor ihm. Gleichzeitig war er der letzte Kalif, der tatsächliche politische Macht über das Kernland des Kalifats hatte. Es lässt sich aus den Quellen herauslesen, dass al-Muqtadir bemüht war, diplomatische Beziehungen mit fremden Mächten zu schließen. Trotz den lückenhaften Überlieferungen ist es dennoch eindeutig ersichtlich, dass er die Ausweitung

[1] Vgl. Kuzin & Micklin, 2017, s. v. Volga River

[2] Vgl. Briatnnica, 1998, s. v. Caftan.

[3] Vgl. Barthel & Stock, 1994, 315.

[4] Vgl. Heuser, 1962, S. 304.

des Reiches anstrebte. Das beste Beispiel dafür ist der diplomatische Auftrag an den Diplomaten Ibn Faḍlān, die Wolga Bulgaren und letztendlich das Volk der Rūs aufzusuchen. Zuvor bat der König der Slawen (*saqāliba*) den Kalifen al-Muqtadir, ihm muslimische Missionare zu schicken, die ihn und seine Untertaten in den islamischen Glauben einführen, und eine Moschee in seinem Reich errichten. Dieser Bitte ging der Kalif auch nach.[1]

7. **Muḥammad Ibn Sulaymān:** War der Patron von Aḥmad Ibn Faḍlān und wird in den Quellen, wie zum Beispiel bei aṭ-Ṭabarī, auch als *al-kātib* betitelt, was er seiner Position als Sekretär des Kalifen al- Muwaffaq zu verdanken hatte. Er starb bei einer militärischen Kampagne 916-7 n. Chr. Sein Tod bedeutete aber auch, dass Ibn Faḍlān keinen Patron mehr hatte.[2]

   Allerdings schien Ibn Faḍlān die Patronanz des Kalifen al-Muqtadir ebenfalls genossen zu haben, meint James E. Montgomery. Unter gewissen Umständen war es möglich, als Individuum zur selben Zeit zwei verschiedene Patrone zu haben. Möglicherweise war Ibn Faḍlān Mitglied des Herrscherhaushaltes, der wiederum unterstand Muḥammad Ibn Sulaymān.[3]

8. **Rūs:** Die Rūs sind das Volk der gleichnamigen Region, die heute große Teile Osteuropas darstellt. Ob die Rūs wirklich skandinavische Wikinger waren, ist Gegenstand der Forschung. Die zweite stark diskutierte Theorie besagt, dass die Rūs ein Volk der Slawen seien. Zudem erfährt man von arabischen Quellen von ihrem inselartigen, sumpf- und marschreichen geographischen Lebensraum, der von zwei Flüssen umgeben ist.[4]

9. **Ṣaqāliba:** Ist die arabisch mittelalterliche Bezeichnung für die Slawen, und alle Völker Osteuropas. Durch die arabischen jüdischen Händler gelangten sie als Sklaven in das muslimische Andalusien, wo sie die Leibwache des Kalifen bildeten.[5]

---

[1] Vgl. Berkel, El Cheikh, Kennedy, & Osti , 2013, S. 13-33.

[2] Vgl. Ṭabarī al- , 2015, S. 30 & 233.

[3] Vgl. Sīrāfī & Ibn Faḍlān, 2014, S. 276.

[4] Vgl. Britannica, 1998, s.v. Rūs.

[5] Vgl. Barthel & Stock, 1994, S. 523.

7 Literaturverzeichnis

Barthel, G., & Stock, K. (Hrsg.). (1994). *Lexikon der arabischen Welt: Kultur, Lebensweise, Wirtschaft, Politik und Natur im Nahen Osten und Nordafrika.* Wiesbaden: Dr. Ludwig Reichert Verlag .

Berkel, M. v., El Cheikh, N. M., Kennedy, H., & Osti , L. (2013). *Crisis and Continuity at the Abbasid Court: Formal and Informal Politics of the Calipahte of al-Muqtadir (295-320/ 908-43).* (H. Biesterfeld, S. Günther, & W. Kadi, Hrsg.) Leiden-Bosten: Brill.

Briatnnica. (20. 6 1998). *Caftan.* Abgerufen am 23. 12 2018 von Encyclopedia Britannica: https://www.britannica.com/topic/caftan

Britannica. (20. 7 1998). *Aesir.* Abgerufen am 23. 12 2018 von Encyclopedia Britannica: https://www.britannica.com/topic/Aesir

Britannica. (20. 7 1998). *Rus.* Abgerufen am 5. 12 2018 von Encyclopedia Britannica: https://www.britannica.com/topic/Rus

Britannica. (20. 6 1998). *Viking.* Abgerufen am 20. 1 2019 von Encyclopedia Britannica: https://www.britannica.com/topic/Viking-people

Britannica. (28. 7 2018). *Odin.* Abgerufen am 13. 12 1998 von Encyclopedia Britannica: https://www.britannica.com/topic/Odin-Norse-deity

Cazwini, Z. B. (1967). *el-Cazwinis Kosmographie: Denkmäler der Länder* (Bd. 2). (F. Wüstenfeld, Hrsg.) Wiesbaden: Dr. Martin oHG.

Gordon, M. S., & A., K. (Hrsg.). (2017). *Concubines and Courtesans: Woman and slavery in Islamic history.* Oxford: University Press.

Graham-Campbell, J. (1980). *Das Leben der Wikinger: Krieger, Händler und Entdecker.* Hamburg: Kristall-Verlag.

Griffith, P. (1995). *The Viking art of War.* London-Pennsylvania: Stackpole Books.

Hannestad, K. (Hrsg.). (1970). *Varangian problems : report on the First International Symposium on the Theme "The Eastern Connections of the Nordic Peoples in the Viking Period and Early Middle Ages" ; Moesgaard - Univ. of Aarhus, 7th - 11th October 1968.* Copenhagen: Munksgaard.

Hermes , N. F. (2012). *The (European) other in medieval Arabic literature and culture : ninth-twelfth century AD.* Basingstoke: Palgrave Macmillan.

Heuser, F. (Hrsg.). (1962). *Heuser-Şevket: Türkisch-Deutsches Wörterbuch* (5 Ausg.). Wiesbaden: Otto Harrassowitz.

Hraundal, T. J. (2014). "New Perspectives on Eastern Vikings/Rus in Arabic Sources". *Viking and Medievel Scandinavia 10*, S. 65-97.

Ibn-Manẓūr. (1969). *Lisān al-ʿarab al-muḥīṭ : muʿǧam luġawī ʿilmī : Min az-zāy ilā-'l-fā'* (Bd. 2). (Y. Ḫayyāṭ, Hrsg.) Bayrūt: Dār Lisān al-ʿArab.

Kaplan, F. (1954). "The Decline of the Khazars and the Rise of the Varangians". *The American Slavic and East European Review 10*, S. 1-10.

Klaveren, J. (1956). Die Wikingerzüge in ihrer Bedeutung für die Belebung der Geldwirtschaft im frühen Mittelalter. *Jahrbücher für Nationalökonomie und Statistik 168*, S. 397-415.

Kuzin, S., & Micklin, P. P. (17. 3 2017). *Volga River.* Abgerufen am 13. 12 2018 von Encyclopedia Britannica: https://www.britannica.com/place/Volga-River

Löber, U. (1998). *Die Wikinger.* Koblenz: Landesmuseum Koblenz.

Merriam-Webster. (13. 12 2018). *Merriam-Webster.* Abgerufen am 7. 12 2018 von Merriam-Webster: https://www.merriam-webster.com/dictionary/kurta

Montgomery, J. E. (2000). "Ibn Faḍlān and the Rūsiyyah". *Journal of Arabic and Islamic Studies 3*, S. 1-25.

Peter, I. (2015). *Die Wikinger bei den Völkern des Ostens: Frauen und Sklavinnen im Krieg und im Totenkult.* Hamburg: Verlag Dr. Kovač.

Pirenne, H. (1936). *Geburt des Abendlandes: Untergang der Antike im Mittelalter und Aufstieg des germanischen Mittelalters.* Leipzig: Pantheon Akademische Verlagsanstalt.

Rösch, P., & Simon, U. (Hrsg.). (2012). *How purity is made.* Wiesbaden: Harrassaowitz.

Raffield, B., Price, N., & Collard, M. (2017). "Polygyny, Concubinage, and the Social Lives of Women in Viking-Age Scandinavia". *Viking and Medieval Scandinavia 13*, S. 165-209.

Rolle, R. (1980). *Die Welt der Skythen: Stutenmelker und Pferdebogner: Ein antikes Reitervolk in neuer Sicht.* Luzern-Frankfurt: Verlag C. J. Buchner.

Sīrāfī, A. Z., & Ibn Faḍlān, A. (2014). *Two Arabic travel books: Accounts of China and India and misson to the Volga.* (T. Mackintosh, J. E. Montgomery, P. F. Kennedy , S. M. Toorawa, Hrsg., T. Mackintosh, & J. E. Montgomery, Übers.) New York-London: New York University.

Sawyer, P. (Hrsg.). (1997). *The Oxford illustrated history of the Vikings.* Oxford-New York: Oxford University.

Schregle, G. (1981). *Arabisch-deutsches Wörterbuch* (Bd. 1 & 2). Stuttgart-Wiesbaden: Steiner.

Tabarī al-. (2015). *The history of al-Ṭabarī* (Bd. 38). (F. Rosenthal, Hrsg., & F. Rosenthal, Übers.) New York: State University of New York Press.

Wahrmund, A. (1898). *Handwörterbuch der neu-arabischen und deutschen Sprache* (3 Ausg., Bd. 1 & 2). Gießen: Ricker.

Watson, W. (2004). "Ibn Rustah's book of precious things: A reexamination and translation of an early source on the Rūs". *Canadian American-Slavic Srudies 38*, S. 289-99.

Wehr, H. (Hrsg.). (1977). *Arabisches Wörterbuch für die Schriftsprache der Gegenwart: und Supplement* (4 Ausg.). Beirut: Lib. du Liban.

Wensinck, A. J., & Kramers, H. J. (Hrsg.). (1976). *Handwörterbuch des Islams* (2 Ausg.). Leiden: E. J. Brill.

Yāqūt. (1866). *Jacut's geographisches Wörterbuch* (Bd. 2). (F. Wüstenfeld, Hrsg.) Leipzig: Brockhaus.

Yāqūt. (1990). *Muʿǧam al-buldān* (2 Ausg., Bd. 3). (F. al-Ǧindī, Hrsg.) Beirut: Dar al-Kotob al-ilmiyah.

Lightning Source UK Ltd.
Milton Keynes UK
UKHW011540020921
389909UK00002B/375

9 783668 889217